HISTÒRIES DE L'ERMITA DE VERA

JAVIER NAVARRO I ANDREU

PREMI D'INVESTIGACIÓ EDUARD BUIL

IV JOCS FLORALS DE BENIMACLET

ASSOCIACIÓ CULTURAL POBLE DE
BENIMACLET
2024

Històries de l'Ermita de Vera

Autor: Javier Navarro i Andreu

Pròlec: José Cristóbal Cuenca Albert

Maquetació i portada: Pau Giner

ISBN 978-1-300-96373-8

Associació Cultural Poble de Benimaclet

© 2024 Associació Cultural Poble de Benimaclet

Colaboren:
Clavaris *Ancla 53* - 2024

Editat i imprimit per lulu

PRÒLEC

Me demanen des de l'Associació Cultural Poble de Benimaclet, de la que forme part des del seu naiximent en 2016, que prologue este llibre que ha mereixcut el **Premi d'Investigació Eduard Buil** en els IV Jocs Florals de Benimaclet, el qual ha segut confeccionat per l'incansable investigador i divulgador valencià, Javier Navarro. Navarro, un jove escritor que ya ha realisat diversos treballs sobre el nostre poble que ara me venen a la ment: u sobre la participació de Benimaclet en el Corpus del Cap i Casal i atre sobre la relació de Benimaclet en la Mare de Deu dels Desamparats en motiu del centenari de la Coronació.

Escoltar el nom de l'Ermita de Vera és expressar un concepte que nos causa admiració i emoció; nos ompli de satisfacció a tots els fills de Benimaclet i la seua horta. És aixina, perque la considerem una part de nosatros, és un signe de l'horta, una senya de la nostra identitat; és de lo millor de la nostra terra. A mi me desperta en la meua memòria els millors recorts, la recuperació de la meua lluntana infància i la primera joventut.

Per a un chiquet de Benimaclet eixir a l'horta era una aventura fascinant, era descobrir un món nou, o és lo que me paregué a mi la primera volta que vaig anar a l'horta de Vera. Eixíem del poble pel camí Farinós, que en la década dels anys quaranta no estava asfaltat. Per la vora del camí discorria la séquia i al seu costat creixien molts arbres que eren molt alts, uns chops altíssims, plens de verdor, lo mateix que atres arbusts

5

tots ben regats per l'aigua de la séquia; la vegetació era exuberant, tots els camps estaven cultivats, treballats en dedicació per llauradors incansables. També trobàvem ad algun que atre veí buscant rates de séquia que per a agarrar-les feen fum fòra en el cau i en eixir les agarraven. A la vora del camí barraques i alqueries, a on hi havia vida, alegria, ilusió... Me preguntava allò per qué era. I arribava a la conclusió que perqué hi havia aigua.

Continuava caminant pel camí; tot seguia igual i me tropecí en una fonteta en la vora esquerra. Me enterí més tart que es dia la Font del Borriquillo i també m'enterí que anant pel camí de Vera hi havia una font que es coneixia com a la Font de l'Amor. Anava acostant-me a la mar, i anava a fer un descobriment extraordinari, vaig vore per primera volta com l'aigua brollava de la terra. Eren ullals que nutrien les séquies. Me recordava a les cinc fonts del camí de Les Fonts de Benimaclet en el que també brollava aigua antigament, degut a que en aquell moment el nivell freàtic estava molt alt, casi a ras de terra.

Pero este descobriment de l'aigua no era res comparat en lo que anava a descobrir en arribar a Vera. La séquia de Vera portava molta aigua alimentada pel ramal de l'Alegret que pertanyia a la de Mestalla. Allò fon el tot; l'aigua entrava pel Molí de Vera, movia les pedres de moldre i fea funcionar el molí. Pero encara quedí més admirat quan l'aigua eixia en força per la banda de baix en dos chorros i formava el famós *Clot de Vera* a on se criaven les seues famoses anguiles. En aquell temps l'aigua era molt pura i clara i per això se criaven anguiles en el Clot que eren la de delícia dels peixcadors, que les agarraven en abundància. Aquell Clot només queda en la memòria dels més majors, que recordem com les barquetes del peixcadors dormien allí esperant eixir a faenar a la mar en una idílica postal de l'horta valenciana.

No puc deixar de nomenar a tants poetes, escritors i pintors que s'han inspirat en esta horta en les seues composicions musicals i escrits; com és el cas del renomenat músic Salvador Giner en *Es chopà hasta la moma* o l'escritor Blasco Ibañez en *Arròs i tartana* i *La Barraca*. Tampoc puc deixar de nomenar al Pare Lluís Fullana que des de l'Hort dels Misteris situat també a escassos metros de l'Ermita de Vera va escriure la *Gramàtica de la Llengua Valenciana*.

Pero si el descobriment de l'aigua fon important no manco fon lo que venia a continuació: El Molí i l'Ermita de Vera. Quan entrí al Molí, antiga propietat del Marqués de Malferit, per primera volta i descobrí cóm funcionava, cóm les moles rodaven i trituraven el forment convertint-lo en farina i obteníem el pa que era nostre aliment fonamental per al cos en aquells anys. Hui el Molí està inutilisat i és un Museu gestionat per l'Universitat Politècnica de Valéncia que recorda el seu insigne passat.

Per últim, dins d'este conjunt, tenim l'Ermita de Vera, que és el tema que ha investigat el premiat Javier Navarro. L'estudi que ha mereixcut el premi trata una série d'aspectes molt interessants com la relació de l'ermita en Lo Rat Penat, la documentació en la Biblioteca Valenciana, l'ermita com a font d'inspiració pictòrica, la creu de Maig,...un treball molt complet. L'ermita se troba hui en plena activitat: la missa dels dumenges, la benedicció dels animals per la festa de Sant Antoni del Porquet en giner, la passà dels Sants de la Pedra a Vera en setembre,... Esta ermita sempre va pertànyer a la jurisdicció eclesiàtica de Benimaclet, per lo que va estar fortament unida al poble. Podem assegurar que l'Ermita de Vera nos proporciona l'aliment espiritual que nos acosta a Deu.

I d'eixa manera tenim tot lo que necessita el ser humà per a viure: aigua, pa i Fe.

José Cristóbal Cuenca Albert
Associació Cultural Poble de Benimaclet

PREMI EDUARD BUIL D'INVESTIGACIÓ

HISTÒRIES DE L'ERMITA DE VERA

Autor: Javier Navarro i Andreu

HISTÒRIES DE L'ERMITA DE VERA

A totes les persones que han vixcut en la Partida de Vera,
en especial recort als que treballaren la seua terra
i lluitaren per a impedir que aniquilaren
este "Edén" valencià.

Nota aclaridora: Este treball no pretén ser un estudi exhaustiu sobre l'Ermita de Vera, la seua partida o la seua horta, simplement és una recopilació d'artículs sobre curiositats sobre esta, sense major pretensió que aportar alguna que atra senya interessant.

INTRODUCCIÓ

L'Ermita de Vera és una construcció que data del sigle XV i encara que popularment se li coneix per esta denonimació, lo cert és que el seu verdader nom és Ermita de l'Immaculada Concepció per trobar-se actualment baix esta advocació.

Este edifici religiós es troba en la partida de Vera en plena Horta Nort junt al famós i històric Molí de Vera i una alqueria contigua, formant els tres elements una pintoresca estampa valenciana. Estos dominis adquirixen este topònim degut a que per estes terres passa la séquia de Vera que és ramal de la séquia de Mestalla.

Segons s'informava en la *Guía de Arquitectura de Valencia* publicada en l'any 2007 pel Colege Tècnic d'Arquitectes de Valéncia el "acceso a la ermita y al molino contiguo está protegido por un mismo atrio o porche soportado con dos columnas octogonales de factura medieval. Sobre la cubierta de la ermita sobresalen una sencilla espadaña y una pequeña cúpula de teja sin esmaltar".

El text redactat per especialistes en estes matèries, afigen "el interior posee un revestimiento neoclásico de líneas muy sencillas y se cubre con una bóveda de cañón con arcos formeros, contando con varias pequeñas capillas laterales y un coro de madera a los pies".

L'ermita erigida pels dominics estava, primitivament, baix l'advocació de la Verge del Rosari, fins que en 1854 esta canvia i es dedica a l'advocació actual, l'Inmaculada Concepció. Açò fon degut a que el dia 8 de decembre del 1854 va ser proclamat el dogma de l'Immaculada Concepció pel papa Pio

15

IX, per lo que s'afirmava que la santíssima Verge Maria fon preservada immune de tota taca del pecat, és dir, estigué lliure de pecat original, convertint-se en un dels quatre dogmes marians de l'Iglésia catòlica.

Immaculada Concepció. Oli sobre taula del pintor valencià Juan de Juanes (1537).

Este fet es comunicà a través de la carta apostòlica *Ineffabilis Deus* que contenia dèneu epígrafs a on s'exponien les declaracions i raonaments per a esta declaració. Des d'aquell moment l'advocació s'escampà ràpidament contant en gran fervor i devoció en moltes poblacions de tota Espanya.

Sobre la propietat de l'Ermita de Vera i demés elements del conjunt, primerament foren dels dominics que serien els fundadors, temps més tart, a partir de la coneguda Desamortisació de Mendizábal, l'ermita passà a ser propietat de l'Estat i tot fon adquirit pel marqués de Malferit.

En 1982 tal i com va narrar el periodiste Baltasar Bueno en un artícul en el periòdic *Levante-EMV*, Miguel Sancho, dirigent socialiste i agricola, promogué una campanya veïnal baix el lema *Salvem Vera*, conseguint sensibilisar a la societat de la riquea cultural que albergava dit emplaçament, ya que tan sol dos anys despuix de les movilisacions, l'Ajuntament de Valéncia adquiria el conjunt per 14 millons de pessetes al marqués.

Durant els any 2003 i 2004 l'Ajuntament, actual propietari, realisà des de l'Universitat Politècnica de Valéncia un proyecte important de restauració, sent dirigit este per l'arquitecte Eugenio Viedma Dutrús.

Retaule ceràmic que fon colocat per l'Ajuntament de Valéncia en la frontera de l'ermita durant l'última reforma. Foto: Tono Giménez (Flickr).

Rellonge solar de l'Ermita de Vera. Foto: Tono Giménez
(Flickr).

EL MILACRE DE LA VERGE DEL ROSARI OCORREGUT EN BENIMACLET

Segons narrà Domingo de Guzmán, fundador de l'Orde de Predicadors, en juliol de 1200 se li aparegué la verge en una capella en un rosari entre les mans, l'ensenyà a resar el rosari i li va manifestar que predicara en la terra la paraula de Deu.

Creà la mencionada orde per a complir el mensage diví. Els seus integrants serien coneguts més tart com "dominics" en referència al nom del seu fundador i la seua patrona seria la Mare de Deu baix l'advocació de Verge del Rosari.

Esta advocacio mariana gojà d'una gran devoció entre els veïns de Benimaclet segurament degut a l'image que els dominics custodiaren en l'Ermita de Vera, aplegant inclús a tindre noticies d'alguns milacres.

En 1613 Alonso Martin de Balboa en la seua imprenta de Madrit edita *Historia de los Insignes Milagros que la Magestad Divina obrado por el Rosario Santisimo de la Virgen soberana su Madre, desde el tiempo del glorioso Padre Santo Domingo, hasta el año del mil y seyscientos y doze, con las Indulgencias, Jubileos, y Breves Apostolicos, y modo de rezar este sagrado exercicio por los quinze Mysterios; con una observacion de los efectos desta devocion en la Orden de Predicadores* obra escrita pel dominic fra Aloso Fernández.

En dita obra, en la qual se recopilen decenes de milacres realisats per la Verge del Rosari, n'apareix u en el que s'evidencia la gran devoció que els valencians processaven a dita advocació mariana, pero en especial la dels veïns del poble de Benimaclet.

21

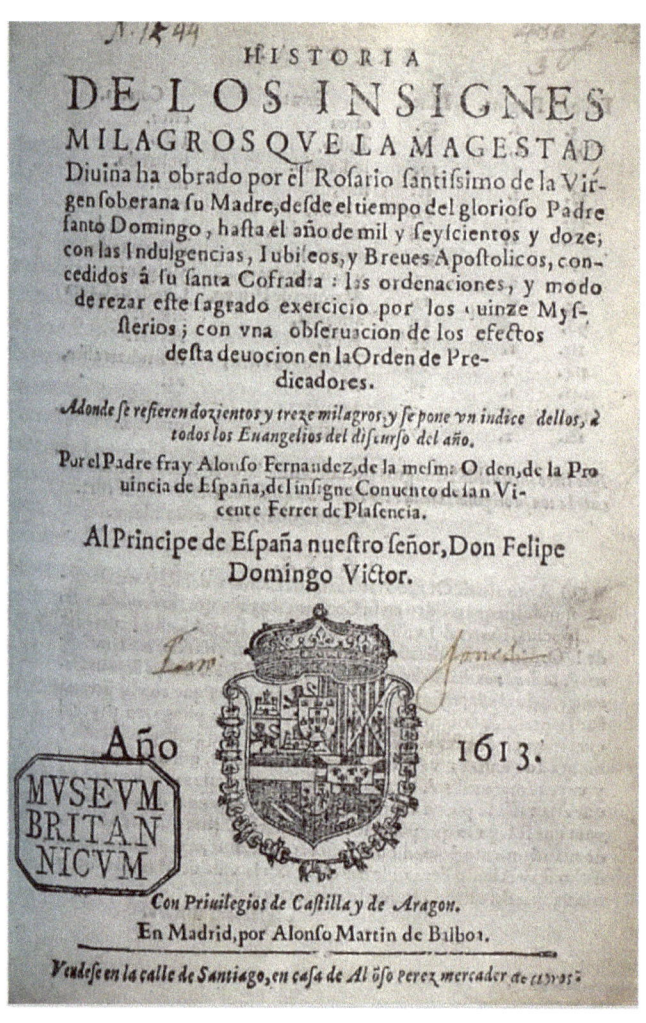

Eixemplar que es conserva en el Museum Britanicum.

En el capítul VII del mencionat llibre es pot llegir el següent relat:

Como el año de mil y quinientos y quarenta, por la devocion de nuestra Señora del Rosario, sucedió en Valencia un prodigo milagro.

En la nobilissima Ciuedad de Valencia del Cid, año de mil y quinientos y quarenta, **una muger anciana que tenia casa junto al cementerio de Benimaclet,** *no lexos del convento de Predicadores, vendia diferentes cosas, y entre ellas azeyte. Tenia estilo de poner la medida, no en la tinaja grande de donde lo sacava, sino en otra mas pequeña que avia apartado en varicon, para que en ella se recogiesse todo lo que sobrava, y que se quedava apegado despues de aver medido el azeyte a los compradores, los sabados lo cogia todo de la tinajuela en un vaso, y llevavalo al convento de Predicadores para las lamparas de la Virgen soberana del Rosario. Fallecio esta devota muger: y su heredero, buscando las alhajas de la casa, topo con la tinajuela. Quitole la cubierta para mirar lo que en ella avia, y vio que alderredor por la parte de dentro estava blanca como copos de nieve, y que del suelo hasta la boca subia una caña con tres açuçenas hermosissimas, que en el remate o estremo tenia. Quedo desto muy assombrado, y estuvolo hasta que algunas vezinas le refirieroon la costumbre piadosa de la buena muger, E atendio entonces que era milagro de la Reyna del Rosario Maria Señora nuestra: Y asi luego aviso a los religiosos de Predicadores, de lo que passava, y ellos hizieron llevar la tinajuela, y la pusieron en la capilla del Rosario. Estuvo alli mas de seys dias, a vista de todo el pueblo que concurria a ver el milagro, hasta que advirtieron los religiosos que la yvan desmoronando, y tomando de aquella celestial blancura, y entonces la encerraron en una Sacristia que antes tenia la capilla del Rosario. Año de mil y quinientos y noventa y nueve, se tomó por testimonio por el Patriarca Arzobispo de Valencia, don Juan de Ribera, a instancia del maestro Fray Francisco Diago.*

Este succés miraculós ocorregut a uns veïns de Benimaclet, recorda a un atre succeït en anterioritat.

L'aparició de l'image de la Verge del Rosari que estigué durant sigles en l'Ermita de Vera, a pesar de ser un lloc regentat pels dominics, no fon un fet casual sino miraculós, ya que, segons conta la tradició, en la séquia de Vera aparegué l'image i fon trobada per uns llauradors de la zona.

Gravat de la Verge del Rosari aparegut en *Nuevo y devoto romance, de los principales milagros, gracias, y preeminencias del Rosario de Maria,* imprés en Valéncia en 1740. (Biblioteca Valenciana).

L'ERMITA DE VERA: NEXE D'UNIÓ ENTRE BENIMACLET I LO RAT PENAT

Lo Rat Penat és una de les societats decanes de l'històric Regne de Valéncia i l'entitat senyera del valencianisme cultural, junt en la Real Acadèmia de Cultura Valenciana.

Dita entitat fon fundada durant la celebració de la Fira de Juliol de 1878, sent el seu principal promotor l'escritor republicà Consantí Llombart, contant en el recolzament del periodiste conservador Teodoro Llorente i del progressiste Feliu Pizcueta, entre moltes atres ilustres personalitats valencianes.

Esta Societat d'Amadors de les Glòries Valenciana ha vingut des de llavors treballant de forma altruïsta i desinteressada per la promoció de la cultura i lletres valencianes. Entre les seues accions principals destaquen l'organisació dels Jocs Florals de la Ciutat i Regne de Valéncia, del concurs de llibrets de Falla, Creus de Maig i de Milacres de Sant Vicent Ferrer, aixina com ser també els precursors d'un dels actes més importants per als valencians, la Processó Cívica del 9 d'Octubre en memòria de la conquista de Valéncia per Jaume I i qu een tots els honors presidix la nostra Real Senyera.

Ademés l'entitat ratpenatista conta en moltes atres seccions des de les que se fomenten actuacions en uns atres àmbits i matèries, com són els Cursos de Llengua Valenciana, fundats en 1949, pel benimacleter d'adopció Carles Salvador, el Cor Popular, el Grup de Danses o el seu Centre d'Excursionisme.

Grup fundador de ratpenatistes.

Unes atres seccions històriques com la d'Arquelogia desgraciadament han desaparegut, dita secció començà a funcionar en gran èxit des de 1879, tan sols un any despuix de la fundació, i els seus primers integrants foren Balbí Andreu Reig (president), Manuel Carboneres (vicepresident), José Martínez Aloy (secretari) i José Vives Ciscar (vicesecretari).

Els seus proyectes són ambiciosos i ademés de diverses excursions a jaciments, realisen interessants conferències sobre les Armes de Valéncia, la numismàtica valenciana, el Tribunal de les Aigües, els argenters valencians dels sigles XV al XVIII i inclús proponen crear un museu com a objectiu cenit de secció.

En 1881 comença a denominar-se "Secció de ciència històrico-arquelogicas" contant en una gran activitat, tant que eclipsava les activitats de la Societat Arqueològica Valenciana, entitat més antiga que la ratpenatista i que desaparegué per este motiu.

Las Provincias, principal orgue de difusió de l'entitat ratpenatista, per ser Teodor Llorente el seu director, anunciava en la secció de *Sociedades* que "La sección de Arqueología de Lo Rat-Penat visitará mañana la ermita de Vera. Los señores socios que deseen asistir, deberán acudir á las nueve al paseo de la Glorieta, frente á la fábrica de Tabacos".

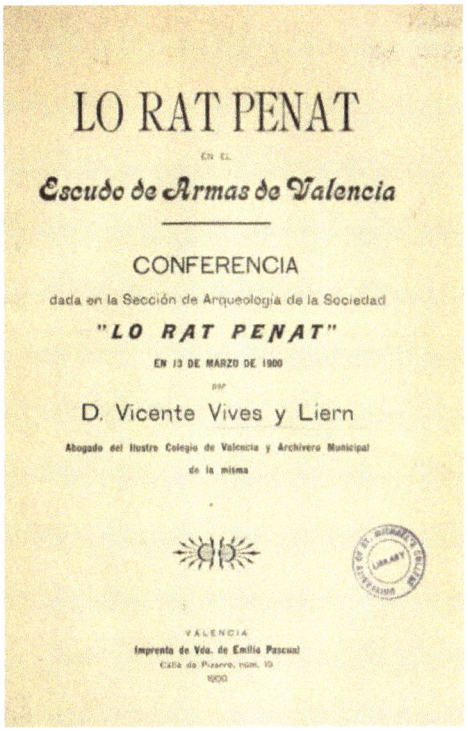

Publicació de una conferència de la Secció d'Arqueologia de la Societat "Lo Rat Penat".

Esta visita es realisà el 29 de març de 1905 i tingué una gran repercussió, el mencionat diari de Llorente. Al sendemà el rotatiu conservador donava una ilustrada notícia sobre esta notícia baix el títul "La Ermita de Vera. Visita de Lo Rat Penat", que per la gran cantitat d'informació passe a reproduir de manera integra:

En virtud del último arreglo parroquial, fué declarada ayuda de parroquia de la de Benimaclet la ermita de la Purísima Concepción, que se halla en el caserio de Vera, á dos kilómetros de aquel poblado, en dirección a la Malvarrosa. Los socios de Lo Rat-Penat, aprovechando el espléndido y primaveral dia de ayer, hicieron una visita al modesto santuario, mencionado apenas en las guias de nuestra ciudad.

No es antigua la ermita de Vera, propiedad del señor marqués de Malferit, y sin portada especial que la caracterice, constituye una sola nave, con cúpula y crucero, perteneciente todo al orden dórico.

En el altar mayor hay un original retablo de talla dorada, de estilo churrigueresco, que contiene una buena escultura de la Concepción, escuela de Vergara.

Al mismo estilo pertenece la capilla del crucero, dedicada á San José, con un regular lienzo. En la de enfrente se conserva un altar mas importante, porque corresponde á los principios del siglo XVII y se halla avalorado con una buena imagen de Santa María Magdalena; á juzgar por la cruz de Santo Domingo que ostenta el retablo, puede suponer que procede del convento de Predicadores de nuestra ciudad.

Las seis capillas restantes, excepción hecha de algunos alteres modernos, pertenecen todas á la época de la erección de la ermita, y entre los varios lienzos que se conservan, es digno de mención uno de la Santísima Trinidad, de fines del siglo XVII, que muestra algunos cortes practicados, según se dice, por los soldados franceses que pernoctaron en este santuario.

Visitants en l'Ermita de Vera.

Llamó la atención de los visitantes un ex-voto que contiene la siguiente leyenda: "En el año 1777, dia 4 de mayo, saliendo por la gola de la acequia de Vera al mar Mariano Camas y Vicente Cardona, con un barquito de 12 palmos de largo, con el objeto de ir á comprar tabaco á la barraca del Cañamelar, fueron arrebatados por un recio poniente y puestos en el golfo fluctuando cuatro dias y tres noches, en cuyo conflicto imploraron socorro de las imágenes arriba expuestas, en cuyo medio fueron socorridos de un barco catalán, que les tomó estando ya en el canal de Ibiza, en el cual era patrón Ramón Oliva, que los desembarcó en Denia." *La escena del salvamento á la vista de Ibiza, se halla expresada por no torpe picel, y es de suponer que, arrepentidos los náufrugos, desistirían de nuevas aventuras que tuvieran apariencias de manejos contrabandistas.*

En el altar de la Divina Pastora hay una imágen moderna bastante apreciable, y un ejemplar bien conservado del cuadro de Camarón, que grabó Jordán en 1814.

29

No hay archivo, ni existen antigüedades que las indicadas; el caserio de Vera comienza ya á constituir un poblado, al que ha dado mayor impulso la reciente creación de la coadjutoria. Esta se halla desempeñada por D. Baltasar Benlloch, que es un sacerdote ejemplar. No contento con el celoso cumplimiento de sus deberes en el orden espiritual, ha iniciado mejores de importancia para aquel vecindario, entre las que figura en primera línea la creación de una escuela. Agrupando á los vecinos mas caracterizados de aquella partida, sin auxilios ni subvenciones oficiales, ha construido de planta un edificio, y á falta de maestro se encargaba el buen coadjutor de enseñar las primeras letras á mas de cincuenta niños, que no tienen posibilidad de asistir diariamente á las escuelas de Benimaclet. Dios le recompensará tan generoso sacrificio, pero nosotros llamamos la atención del señor delegado regio de Instrucción pública, para que secunde tan noble iniciativa y conceda protección oficial á la modesta escuela del caserio de Vera, que ha nacido por generación expontánea.

Los socios de Lo Rat-Penat agradecen los agasajos de que fueron objeto por parte del señor coadjutor y de la Junta de Fábrica, en la que figuran D. Miguel Cuenca, D. Vicente Carsi, don Vicente Prima Marqués, y otros vecinos cuyos nombres sentimos no recordar, como también á D. José Cuenca y D. Esteban Ballester, que galantemente ofrecieron sus carruajes á los expedicionarios".

En l'any 1930 l'entitat ratpenatista tornà al poble de Benimaclet, pero esta volta no fon la Secció d'Arqueolgia, sino el seu Centre d'Excursioniste, que fon també una dels primeres seccions creades, passant per esta els més grans intelectuals del Regne de Valéncia, com per eixemple Roc Chabás, Sanchis Sivera, Salvador Carreres, Josep Martínez Aloy, Jacinto Labaila, Ignaci Pinazo, Emili Beüt, Vives Ciscar, Ferrer Bigné o Wenceslao Querol, entre uns atres.

Este acte també tingué una gran repercussió i l'11 de març de 1930 *Las Provincias* insertava la següent notícia:

Una velada muy simpática y amena resultó la que, según se había anunciado, celebró el pasado domingo nuestra primera Sociedad valencianista, y fué la dedicada a la ya prestigiosa y laureada banda de la Sociedad Instructiva Musical de Benimaclet, que a los muchos triunfos que tiene alcanzados en su breve pero brillante carrera artística, ha de apuntar el de la otra tarde en "Lo Rat-Penat".

El conocido poeta de la Casa, Eduardo Buil, siempre tan ameno y sugerente, supo dedicarnos una agradable charla, en la que expuso no sólo los encantos y atractivos naturales del vecino y simpático pueblo de Benimaclet, sino también su florecimiento en el orden material y sus adelantos culturales, verdaderamente dignos de encomio y de admiración, por ser nuncios de nobles y laboriosos afanes de trabajo y de progreso.

También hizo el amigo Buil una sucinta y breve exposición de la carrera musical de la mencionada banda, llena de éxitos, todavía más dignos de aplauso y alabanza desde el momento que está integrada, no por profesionales, sino por amadores del bello y excelso arte de la música, que al abandonar las cotidianas horas de trabajo, saben dedicarse entusiasta y fervientemente a su cultivo, y a propósito de esto, tuvo frases de loor para todos los componentes de esta meritísima Sociedad Instructiva de Benimaclet.

Fué larga y justamente premiada su charla con sinceros aplausos.

Después la banda obsequió a la numerosa y distinguida concurrencia que llenaba los salones de "Lo Rat-Penat" con un exquisito programa, magistralmente interpretado, y en el cual se contaban piezas de difícil ejecución, que fueron llenadas felizmente, como por mano de profesores.

Eduard Buil en el Centre Instructiu Musical de Benimaclet.

Per a donar idea de la magistral actuació musical que desenrollà la banda de Benimaclet en Lo Rat Penat, la vesprada de dumenge, recordem el programa eixecutat per la mateixa: "Recorts valenciáns", Domínguez dedicado a don Manuel González Martí; "Coplas de mi tierra", Palau; "Una noche en el Monte Pelado", Moozorgski; "Mendi mendigan", fantasía, opera vasca, de Usandizaga; "Los claveles", Serrano; "La Dolores", Bretón, y "Lo cant del valencià", de Sosa.

La nota seguía:

El presidente señor González Martí puso digno colofón a esta velada con palabras de agradecimiento, de felicitación y de estímulo para la banda que, según dijo, reúne para él tantos motivos de afecto, haciendo constar como el primordial el ser padrino de la bandera de la misma que ha poco se bautizara, y terminó obsequiando a la mencionada banda con un artístico pergamino conmemorativo.

Las notas vibrantes, emotivas y valencianísimas de nuestro Himno Regional, reverentemente escuchado en pie por todos, pusieron fin a este acto del que siempre guardarán grato recuerdo "Lo Rat-Penat" y la banda municipal de Benimaclet, a la que felicitamos en la persona de su digno director don Manuel Belando, alentándola por el victorioso sendero emprendido.

Pero la vinculació entre el poble de Benimaclet i la Societat d'Amadors de les Glòries Valenciana va seguir estretament unida durant la década dels trenta del sigle passat, tant que quan Josep Maria Bayarri en 1931 des del semanari *El Poble Valencià* organisà la primera edició dels Jocs Florals de Benimaclet i la Junta de Govern de l'entitat valencianista va acodir al complet a l'acte lliterari.

Com anècdota cal destacar que la corporació ratpenatista va acodir als Jocs Florals de Benimaclet en la Real Senyera de l'entitat, bandera facsímil de la que es custodia en l'Ajuntament de Valéncia i que fon un regal de les seues joventuts a l'entitat durant la celebració de la Coronació de la Mare de Deu dels Desamparats en 1923.

La comitiva en la Plaça de la Mare de Deu en acabant de la benedicció de la bandera. 1923. Foto: Vicente Barberá Masip.

Esta relació especial entra l'entitat valencianista i els veïns de Benimaclet, naixqué d'aquella primera visita a l'Ermita de Vera, continuà gràcies a veïns ilustres del poble, com Eduard Buil, Carles Salvador, Josep Maria Bayarri o Emili Baró, que foren destacades personalitats dins de les lletres valencianes.

Actualment la relació seguix per la gran activitat que desenrolla l'Associació Cultural Poble de Benimaclet, aplegant inclús el seu incansable President el Dr. Pau Giner Bayarri, a ocupar un càrrec en la Junta de Govern dins de l'entitat centenària.

ELS MANUSCRITS DE LA PARTIDA DE VERA I UNS ATRES DOCUMENTS BENIMACLETERS EN LA BIBLIOTECA VALENCIANA

La família de Nicolau Primitiu Gómez Serrano, ilustre historiador, empresari, escritor i bibliòfil donà la seua magna biblioteca a l'Estat en 1979. Primitiu durant mots anys coleccionà, atesorà, mimà i rescatà tot tipo de manuscrits, llibres i impresos vinculats en l'història dels valencians, aplegant inclús a jugar-se en vàries ocasions la vida durant la Guerra Civil.

Dita donació es realisà efectiva segons el Real Decret/1978, de 14 d'abril, passant des de llavors a engrossar el Patrimoni Històric Espanyol. Foren centenars els llibres dels sigles XVI, XVII i XVIII, i inclús incunables i edicions de gran rarea, que gràcies la generositat del suecà i la seua família, passaren a ser de domini públic.

Des d'un primer moment s'instalà tot lo donat en una biblioteca en el Cap i Casal, batejada en el nom de *Nicolau Primitiu* com no podia ser d'una atra manera, dit emplaçament es trobava en l'antic recint de l'antic Hospital General, a on va compartir espai en la Biblioteca Pública Provincial de Valéncia, mentres es buscada un lloc més adecuat per a la seua custòdia.

Transcorregudes unes décades, concretament en l'any 2000, és quan per fi es troba el lloc idòneu per a la Biblioteca Nicolau Primitiu, translladant-se al Monasteri Sant Miquel dels Reis i creant-se un proyecte molt ambiciós, la coneguda actualment com la Biblioteca Valenciana.

La base de dita biblioteca és, sense cap de dubte, el llegat de Primitiu, que ha anat enriquint-se considerablement durant estos anys, gràcies a les donacions d'uns atres caritatius bibliòfils en els seus rics fondos.

Monasteri Sant Miquel dels Reis sèu de la Biblioteca Valenciana. Foto: GVA.

Entre els documents que es custodien entre els murs de l'antic monasteri de l'Orde de Sant Jerònim, es troba un lligall compost per 28 escritures manuscrites, datades entre 1814 i 1848, que duen per títul *Títulos de las tierras en el cuartel de Benimaclet, partida de Vera.*

En ell es pot consultar possiblement casi tota la totalitat, de compres, vendes i donacions de les terres de la partida de Vera, durant la primera mitat del sigle XIX, sent sense cap dubte un document de vital importància per a escriure l'història de l'horta valenciana.

El primer document que compon este lligall és per eixemple una compra de parcela de terra en el *Molino de Vera* per part d'Antoni Ferrandis veí de la ciutat de Valéncia a Josep Maria Caruana, també veí del Cap i Casal, mentres que l'últim document és una carta de pagament de Josep Campos en favor de Josep Mª Caruana, datat en 1846.

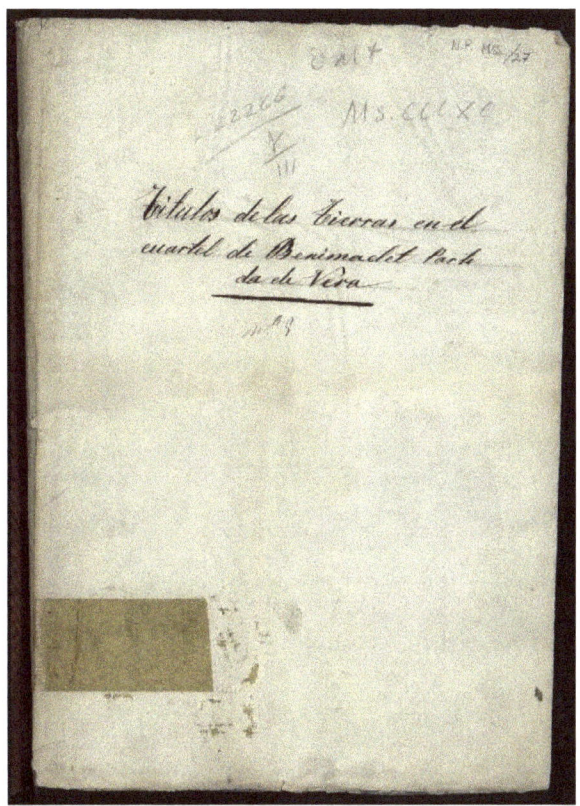

Portada del manuscrit "Títulos de las tierras en el cuartel de Benimaclet. Partida de Vera". Biblioteca Valenciana.

Ademés d'estos documents importants, la Biblioteca Valenciana custòdia precisament una atra peça interessant i és precisament una litografia colorejada a mà del mencionat Convent de Sant Miquel dels Reis des de l'horta de Benimaclet, tenint per fondo les montanyes de Portaceli procedent de l'obra *Spanish Scenery* publicada por George Vivian en 1838 en

Londres. La litografia és obra del famós belga Louis Haghe, un dels més prestigiosos litografistes del Regne Unit i del món, pioner en noves tècniques de comolitografía i en les litografies tenyides a mà. Junt a William Day formà la coneguda empresa *Day & Son*, aplegant a tindre entre molts atres privilegis, ser els litogràfs oficials de la Reina Victoria.

Plain of Valencia & Convent of S. Miguel de los Reyes. Vivian George, *Spanish Scenery*, 1838.

En la Biblioteca Valenciana també es custodien alguns atres documents importants relacionats en el poble de Benimaclet, com un manuscrit sobre la *Clausura de la instituo del benefici de Benimaclet que te per caços en S. Esteve* de Pere Serra, senyor de Benimaclet en 1392, una litografia de los *Santos Abdon y Senen: venerados en Benimaclet* del any 1872, desconeguda fins a fa poc de temps, aixina com documents més recents, com llibrets de falla i publicacions del sigle XX.

Estampa de 22,5x16,5cm provinent de l'Archiu de Francesc
Almela i Vives.

Els Sants de la Pedra tradicionalment fan parada en
l'Ermita de Vera durant les festes patronals.

Portada del llibret de la falla planta en Benimaclet en 1931.

ELS ROBOS EN L'ERMITA DE VERA

L'Ermita de Vera en l'actualitat alberga objectes i iconografia de gran valor sentimental i patrimonial, pero la realitat és que podrien ser majors si no haguera sofrit continuats robaments a lo llarc de l'història.

La nit del 28 al 29 de novembre de 1857 apareixia en un periòdic de tirada nacional la següent nota:

> *Existe en la vega de esta ciudad (Valencia), parroquia de Benimaclet, una pobre ermita dedicada á la Purísima Concepción, cuya imagen se adornaba con algunas alhajas de escaso valor. Sin embargo, en la mañana del pasado 29 se encontraron forzadas las puertas cristales, y robadas, tanto aquellas alhajas como las arquillas de las almas y Divina Pastora y el sagrado cáliz.*

Este trist succés, es va repetir uns anys més tart, concretament la nit del 13 al 14 de maig de 1863. En aquella ocasió el primer en donar a conéixer el fet fon el periòdic *El Reino*, que anunciava en les seues planes el furt. Entre lo robat es trobaven novament les joies que duya l'image de la Puríssima Concepció, que consistien en nou anells i un collar de perles fines. Ademés del "alba nueva, y la copa y el pié de un cáliz de plata sobredorada, dejando solo el espigón", que es trobaven custodiats en la sacristia.

El robo es va produir de nit, fent un forat en la paret al nivell del sol, degut a que l'ermita no tenia un atre recipient sagrat, la parròquia del poble de Benimaclet prestà a dita ermita un càliç per a poder celebrar missa fins que s'adquirira un de nou.

Este furt, com ya he mencionat, tingué una gran repercussió sent notícia en periòdics com *El Telégrado* de Barcelona o el *Diario de Cordoba*, entre uns atres.

Estes notícies nos recorden a successos que han sofrit els veïns de Benimaclet, en el robament reiterat del Jesuset del naiximent que instala la Confraria dels Sants de la Pedra en la porta de la parroquia de l'Assunció de Nostra Senyora.

Abdós furts, en més d'un sigle de diferència, han tingut gran repercussió mediàtica, en la diferència que els robos del sigle XIX eren per motius econòmics, mentres que els actuals han segut motivats per raons ideològiques, mostrant els lladres falta de civisme i de respecte cap a els creents.

Naiximent de l'any 2023 depuix de ser furtat el Jesuset.

EL DICCIONARIO DE LA HUERTA DE VALENCIA

Vicente Badía Marín a pesar de ser doctor en Dret, mestre de Primera Ensenyança i pèrit taquígraf, la seua gran passió fon el periodisme i l'història valenciana, segurament influït per son pare que treballà com a periodiste en *Las Provincias*.

Badía escrigué en el mateix mig de comunicació que son pare, pero també en molts atres com *Levante*, *Valencia Fruits*, *Hoja del Lunes*, *Jornada*, *Diario de Valencia*, *Noticias al Dia...*, aplegant inclús a dirigir capçaleres tan mítiques com *Sicània* y *Valencia Cultural*.

En Vicent Badia i Marín.

43

Escrigué centenars d'artículs sobre l'història i cultura dels valencians, lo que li valgué, entre molts atres mèrits, presidir la Secció de Cronistes del Regne de Valéncia i ser vicepresident de l'entitat Lo Rat Penat.

Precisament u dels treballs més interessants realisats en la meua opinió per este instruït investigador, fon precisament un estudi que presentà als Jocs Florals de la Ciutat i Regne de Valéncia.

Es tracta de *Monografía geográfica-histórica de la Comarca Huerta de Valencia* que presentà al certamen l'any 1942 baix el lema de *Mai prou be*, obtant al premi que oferia l'Excelentíssima Diputació Provincial de Valéncia a la *Monografía histórica de carácter inédito de una Ciudad, Villa o Lugar del Reino de Valencia; o biografía de un hijo ilustre de este Reino; o relación de un suceso notable en él acaecido.*

Badía decidí presentar l'obra indicada, en la guanyà el referit premi en el certamen jocfloralesc i provocà crítiques lliteràries molt positives, com per eixemple la que publicà José Ombuena en el diari *Jornada* el 28 de juliol de 1943. Més tart era publicada com *La Huerta de Valencia* en l'imprenta de Federico Domenech.

El treball contenia: una resenya geogràfic històrica de l'Horta de Valéncia, un diccionari toponímic i històric, els partits judicials, ademés d'un nomenclàtor regional en indicació de categoria de les poblacions, la seua denominació popular, província, partit judicial, població segons el cens oficial de 1940 i idioma. La publicacio fon engalanada en una preciosa portada de Manuel Diago, Ombuena, que tenia una lírica inigualable en els seus escrits periodístics, escrigué:

Quiero hablar hoy de un libro que estimo oportuno, interesante y, en definitiva, laudable; un libro sobre Valencia pensado y sentido, aunque no escrito "en valenciano". Su autor, don Vicente Badía, pertenece a ese linaje de hombres admirables que han encanecido en el servicio cotidiano del periodismo, tan exigente de dolorosas enumeraciones y de una vocación firme y decidida.

Porta del llibre *La Huerta de Valencia* de Vicente Badía.

Afegia, entre uns tres afalacs a l'autor, que el llibre "contiene, bajo un atuendo tipográfico acoroso y ameno, una completísima monografía sobre tan vasto y sugestivo tema. (…) Badía ha esquivado, empero, la tenaz tentación del lirismo, y se ha limitado a describirnos con meticulosidad, que es reflejo de erudición, como es y como fue la feraz huerta valenciana".

Com no podria ser d'una atra manera Badía davant l'importància de l'horta de Benimaclet, li dedicarà un espai mes que considerable en relació a unes atres localitats i diu:

Población de la Huerta de Valencia situada entre Valencia y Alboraya, rodeada de jardines y en un punto muy pintoresco. Fué municipio independiente hasta 1882 en que fué agregado a Valencia. Aunque no tuvo término propio, se consideraban como de Benimaclet, gran número de alquerías, barracas y mansiones de recreo, situadas entre el pueblo y la capital, así como el caserío de Vera, situado cerca de la playa. Sus aguas son del Turia y está situada en plena Huerta de Valencia. Cuenta con 4.197 habitantes. Tuvo el señorío de esta población, el Cabildo Catedral de Valencia, desde 1409 y su iglesia que está dedicada a la Asunción de Nuestra Señora, perteneció la parroquia a San Esteban. Actualmente sus patronos son los Santos Abdón y Senén; celebra fiestas al Santísimo Cristo de la Providencia el domingo tercero de Septiembre. **La ermita de Vera perteneció a su jurisdicción eclesiástica, pero hoy es parroquia independiente.**

Curiosament i degut a la gran importància de l'Ermita de Vera, l'autor menciona a l'edifici religiós, cosa que no ocurrix quan parla d'unes atres terres que també tenen ermites.

L'ERMITA DE VERA FONT D'INSPIRACIÓ PICTÒRICA

El passat 12 de març en la Sala Municipal d'Exposicions de la Casa Consistorial de Valéncia, es va inaugurar l'exposició *Rafael Contretas Juesas y los Mongrell* organisada per la concejalia d'Acció Cultural, Patrimoni i Recursos.

Tinguí el gran plaer de visitar-la als pocs dies de la seua inauguració. Vaig fruit i deprendre moltíssim en dita visita, acompanyat del meu amic i bibliòfil Francisco José Darijo. Abdós apleguem a una mateixa conclusió en acabar d'admirar tot lo expost allí, esta exposició debia ser permanent. Estes obres i estos artistes, deuen ser gojats per tots els valencians, aixina com les gent forastera que diàriament visita la capital del Túria.

L'exposició escomença en olis originals i alguns inèdits, alguna que atra portada de revista i els imponents cartells de la Fira de Juliol de Valéncia entre atre peces, que ocupen tota una primera sala que són obra dels reconeguts Mongrell.

Pero la sorpresa, i grata, ve en les sales següents que estan dedicades exclusivament a Rafael Contreras Juesas, u dels màxims representants del cartellisme de finals del sigle XX i de principi del XXI, no solament a nivell local, també a nivell nacional i internacional.

Sobre Contreras seré franc, coneixia solament els seus cartells fallers i en la meua biblioteca albergava els seus llibres sobre cartellisme valencià, al qual admirava més pels seus treballs d'investigació que per la seua obra gràfica.

Pero en poder vore de prop la seua obra i fer-ho en deteniment i atenció, en les degudes explicacions, vaig escomençar a valorar i gojar la seua obra d'una forma indescriptible practicament.

Contreras és descendent de la saga artística dels Mongrell, per este motiu s'ha volgut agrupar en una mateixa exposició diferents artistes. Jose Mongrell Torrent i Bartolome Mongrell Muñoz, són els seus besyayos, la qual cosa explica a on va beure, des de ben menut, per a fer que les seues obres siguen tan reconegudes i premiades pels experts en art.

En Rafael Contreras Juesas

A pesar d'esta exposició i de tindre Contreras un carrer en el seu nom en la ciutat de Valéncia, me pareix, al meu entendre, que és molt poc homenage per a una persona que treballà des de ben jove i desmesuradament per la nostra terra.

Ermita de Vera, oli de Rafael Contreras (1966).

Rafael fon el gran promotor del disseny gràfic en Valéncia, introduint-lo en la Facultat de Belles Arts de Sant Carles l'especialitat, creant el terme com a *Escola Valenciana de Cartell.* Va eixercir de professor en dita facultat influint a les noves generacions de dissenyadors valencians tant, com ell va ser influït per grans cartellistes com els germans Ballester Marco, Dubón o Renau.

Pero de totes les obres expostes, n'hi hagué una que me cridà poderosament l'atenció, no fon ni molt manco la que més em va agradar, pero si que vaig poder vore en ella reflectida perfectament l'aroma i les sensacions que el teu cos percep quan dones un llarc passeig per l'horta valenciana.

Es tracta d'un oli sobre llenç que atesora la família del cartelliste, titulat *Ermita de Vera* i que té unes mides de 52x63cm, el qual fon pintat en 1966, quan l'artiste contava en trenta tres anys i acabava d'escomençar el bachiller nocturn mentres pel dia treballava en la litografia Durán.

És de supondre que est oli és una de les seues primeres obres, feta abans de que es formarà acadàmicament i pegara el seu bot a la fama artística, per lo que té un gran valor, ya que es u dels primers païsages que l'inspiraren per a fer una obra en una época en la que decidix apostar pel disseny i la pintura de manera professional, i que esta fòra, ni més ni menys, que l'Ermita de Vera.

En la mencionada exposició justament al costat de l'oli de l'ermita, estava exposta un reinterpretació d'este obra realisada pel dibuixant valencià José Miguel Arce Martínez, en este cas esta pintat en ceres sobre cartó, en un format més reduït que l'original, en 20x26cm.

Ermita de Vera, copia de José Miguel Arce Martínez (2013).

Pero este no és un cas aïllat, l'Ermita de Vera ha segut font d'inspiració artística per a molts pintors i ací van alguns eixemples:

José Cózar Viedma naixcut en 1944 en Baeza, pero valencià d'adopció, ya que residix en la capital del Turia des de l'any 1955, és un pintor admirat i molt prolífic, aplegant inclús en la seua etapa més madura en pintar 200 olis en un any.

Les seues pintures païsagístiques han segut premiades en certàmens nacionals i internacionals, podent-se admirar obres seues en l'Excelentíssima Diputació de Barcelona, en el Museu Històric Municipal de Valéncia, en el Museu Municipal

51

de Sogorp, en el Museu Etnogràfic de Xàbia i en ajuntaments com els de Jaén, Vilajoyosa o Baeza, entre molts atres edificis nobles.

Si be és cert que el senyor Cózar va produir moltes obres plasmant païsages de terres valencianes, no pogué resistir-se a la seducció que li provocà l'Ermita de Vera i la seua partida en general, aplegant a pintar fins a en tres ocasions el mateix païsage, lo que devem supondre que fon un lloc inspirador per la seua gran bellea, ya que retratar tres voltes la mateixa visió i en distints moments de la seua carrera, ha de tindré una raó especial.

Ermita de Vera, oli sobre fusta (44x37cm) obra de José Cozar. (Col. privada)

Partida de Vera, de José Cozar (Col. privada).

Partida de Vera, de José Cozar.

Un atre dels artistes que pintà l'Ermita de Vera, i este fon segurament u dels qui més la retratà, o al menys es del que més obres he pogut localisar, és el pintor de Godella Juan Lluna Lerma.

Lluna realisà els seus estudis en l'Escola d'Arts i Oficis de Valéncia, encara que abans de la seua formació acadèmica ya pintava, per la seua faceta autodidacta i per l'influència directa del seu pare el qual també fon pintor.

Els seus pinzells plasmaren païsages dels més variats llocs. Venècia, Cadaqués, Paris, Andilla..., pero mai sense oblidar els seus origens, el seu poble, Godella, el qual pintà en moltissímes ocasions.

Pero sense cap dubte l'estampa que més pintà, despuix provablement de la seua localitat, fon la partida de Vera, la qual li resultava un lloc de pau, calma i inspiració com es reflectix en els seus quadros.

Estos quadros, que plasmen a la perfecció el treball dur, pero assossegat i calmat de la vida en l'horta valenciana, son una estampa practicament imperceptible actualment.

Les seues obres sobre les terres benimacleteres són les següents:

Ermita de Vera, oli sobre tela 80x100cm (Centre d'Art Villa Eugenia)

Camit a Vera, oli sobre tela 28x18cm (Col. privada).

Camí de Vera, oli sobre llenç. 54x65cm (Col. privada).

Ermita de Vera, oli sobre llenç. 40x31 cm (Col. privada).

Pero estos no han segut els únics pintors que en els seus pinzells han immortalisat les històriques pedres de l'ermita, el color de la seua horta i el sol valencià que els dona vida, molts atres pintors de menor reconeiximent també l'han pintat. Com és el cas de Lola Bayarri, Alberto López González, Vicente B. Alonso o autors anònims que directament no deixaren rastre de la seua identitat a través d'una firma, pero que la seua obra encara perdura fins a nosatres a pesar de les décades.

Quadro anònim.

*Ermita de Vera d*e Lola Bayarri, oli sobre llenç. (Col. privada).

Ermita de Vera de V. B. Alonso Oli sobre llenç (Col. Privada).

Ermita de Vera, de Miguel Martí Vallejo oli sobre llenç,
15x21cm (Col. privada).

Anònim, any 1943, oli en fusta. (Col. privada).

Ermita de Vera, d'Alberto López González. Aquarela 50x34cm
(Col. privada)

Ermita de Vera, de García Masana, aiguafort 23,5x32,1 cm
(Archiu Universitat Politècnica de Valéncia).

Ermita de Vera, de García Masana, dibuix. (Col. privada).

Ermita de Vera, de Minguez, oli sobre llenç. (Col. privada).

Ermita de Vera, de Placido PC, aquarela, 30x15 (Col. privada).

Ermita de Vera, oli sobre llenç, anònim. (Col. privada).

Ermita de Vera, de Martín Vidal, oli sobre llenç. (Col. privada).

Ermita de Vera, oli sobre llenç. Anònim, 1920? (Col. privada).

Ermita de Vera, aquarela, de Juan Manuel Vila Real. (Col. privada).

Ermita de Vera, de Germán Herrero Vicente. Oli sobre llenç, 60x40cm. (Col. privada).

L'Ermita de Vera i tot el seu conjunt arquitectònic, enclavat en mig de l'horta valenciana, ha segut històricament tota una font d'inspiració per als pintors que passaven pel Cap i Casal, tal i com es pot comprovar a través d'esta recopilació d'obres.

Ademés és tanta l'inspiració eixercida per esta edificació, que el primer llibre que es publicà exclusivament sobre ermites valencianes, esta ilustrava la portada.

Estic parlant del llibre *Ermitas de Valencia* del polític, acadèmic i investigador Luis B. Lluch Garín que fon publicat per l'Archiu Municipal de Valéncia dins de la colecció *Cuadernos de cultura* l'any 1968.

Este treball és una recopilació d'artículs sobre les ermites més importants de la província de Valéncia que prèviament havien segut publicats en el diari *Las Provincias*.

La partida de Vera ocupa tot un capítul que passem a reproduir íntegrament per dos motius, el primer per a gojar de la magnífica prosa descriptiva del croniste Lluch Garín i la segona per la gran cantitat d'informació que aporta sobre dit emplaçament:

VERA

Vera puede ser camino, caserío, ermita, molino, acequia y río. Para mí es fundamentalmente, ermita: la ermita de Vera. Tenía muchas ganas de verla. Quería descansar bajo la sombra húmda de su porche. Un porche con poyo corrido y tejado mohoso que sostienen unas columnas surcadas de grietas y rajas. El envigado de madera carcomida guarda en su médula brisa de mar y rumores de acequias. Pensaba también que su historiaa debía ser sabrosa y entretenida. Hundida la ermita en un rincón de nuestra huerta, a unos kilómetros de las viejas murallas, fue sin duda paso preferido de nuestros antepasados y buen lugar de romerías.

Cuando me acerco a la ermita el fondo del paisaje lo componen unos árboles secos que forman un calado abanico sobre la nubosidad del cielo. Es un cuadro típico de una Castilla otoñal dibujándose en la lejanía, como niebla azulada, el perfil de la sierra Calderona. Bajo el boscaje pasa una pareja de jinetes golpeando los cascos despaciosamente sobre el polvo blanco. El caballero se inclina hacia ella hablándole con la fusta en la mano, y ella, vestida de amazona, balancea la gracia de su cintura estrecha al compás del vaivén de las ancas. Una pintura de Corot en plena huerta.

El camino que lleva a la ermita tiene albaricoqueros en flor junto a las fachadas de unas barracas. Baladres en las cunetas y unos chopos encendidos de sol muestran sus yemas sonrosadas y en punta como llamitas pegadas a las ramas.

Desde la entrada se distingue una sucesión de planos de trjados: los del porch, los del Molino, el de la nave central y el de las laterales y cruceros. Pero todo lo domina la cúpula de media naranja y una blanca espadaña de líneas barrocas.

A espaldas de la ermita está el "clot de Vera". Es una poza de agua casi estancada. Sobre la superficie, salpicada de manchones de espuma, se miran unas albas nadaletas. Al fondo de la charca pecinosa hay un arco escarzano de ladrillos rojos que deja libre cauce al agua. En su fondo se distinguen mazos de juncos y hierbas largas que va peinando la corriente. Los árboles crecen junto a la orilla y tiemblan sus troncos en el espejo del agua. El aire es húmedo y sabe a barro. Todo se hunde en un silencio blando y fofo bajo el golpear de una cascada.

En el atrio de la ermita está la puerta del Molino de Vera. Allí pregunto por la llave, porque la ermita está cerrada.

- *"Bon día. ¿Te voste la clau?"*
- *"No, senyor. La te el senyor Retor. Tire p'al recte per el camí de Vera i a la esquerra vos una esglesia. Está prop a la platja".*

El cura me recibe con los brazos abiertos y recordamos brevemente tiempos pasados que fueron nuestros.

- *Pues, verás -me dice apoyado en la cajonera de la sacristía después de ordenar a los monaguillos que salgan a ayudar la misa de doce-. Esta ermita es muy antigua. Nace de aquellos tiempos en que los señores tenían que dar los servicios de templo, molino y horno, y por eso forma un cuerpo con el Molino de Vera. Estaba dedicada a la Virgen del Rosario porque los señores de esta tierra eran los dominicos. Cuando entres, fíjate en un nicho del crucero que está encima del confesionario y verás todavía los restos del escudo de la Orden. Fue adquirido todo el caserío, cuando la desamortización, por el Marqués de Malferit. Es muy famosa esta ermita, pues todos los pintores la han llevado a sus lienzos. Me acuerdo de un pintor bilbaíno que le hizto treinta y un cuadros. ¿Has visto el "clot"?*

- *Sí. Es grande, pero huele mal.*

- *Pues, hijo, era el mejor criadero de anguilas, pero al industrializar la ciudad, las acequias ya no llevan agua limpia, sino... ¿Me entiendes, verdad?... Y se murieron las anguilar. La acequia de Vera era navegable hasta el "clot" y formaba un pequeño puerto. Entraban y salían barcas..., algunas a horas intempestivas y con bultos sospechosos. ¡Si yo te contase historias sabrosas de aquellos tiempos remotos!*

- *Me imagino esas historias porque yo he leído en la obra de Martínez Aloy, en la nota 1.633 de la página 856, lo siguiente: "En el año 1777, día 4 de mayo, saliendo por la gola de la acequia de Vera al mar, Mariano y Vicente Cardona, con un barquito de doce palmos de largos, con objeto de ir a comprar tabaco a las barracas del Cañamelar, fueron arrebatados por un recio poniente y puestos en el golfo fluctuaron cuatro días y tres noches, en cuyo coflicto imploraron el auxilio de las imágenes expuestas en la ermita, en cuyo medio fueron socorridos de un barco catalán que los tomó estando ya en el canal de Ibiza, en el cual era patrón Ramón Oliva, que los desembarcó en Denia."* Y el comentarista añade en la nota: *"La escena del salvamento a la vista de Ibiza se halla expresada por no torpe pincel (se refiere a una pintura que debió estar en la ermita, hoy desaparecida), y es de suponer que, arrepentidos los náufragos, desistirían de nuevas aventuras que tuvieran aparencias de manejos contrabandistas."*

- *Dejemomos historias pasadas y vamos a la historia de la ermita. Está dedicada a la Inmaculada desde el año de la declaración del Dogma. Teodoro Llorente se reunía con otros poetas en una de las masías cercanas. Iban a la misa primera de la ermita y luego tenían su tertulia literaria. El propio Llorente compuso una buena poesía. ¿Cómo era?... -y el cura hace una pausa y arruga el entrecejo mirando a lo alto; pero la inspiració no llega y se da una palmada en la frente-. "¡Che!... ¡No recorde!" Bueno; ¿quieres ver unos recuerdos de la ermita? -El cura me lleva la capilla de la comunión y me enseña dos columnas salomónicas-. Estaban cubiertasde plata, y ahora están pintadas de blanco. Apunta otra cosa: todos los domingos se celebra misa a las siete. ¿Más detalles?... ¿Conoces el refrán valenciano, "han fet més foc que en Vera"? -Y ante mi gesto negativo, exclama-: Eres un ignorante -y me da una palmada cariñosa en la espalda-. En aquella "raconà", me refiero al barrio de Vera, no entró el cólera y todas las rogativas se hacían en la ermita. Después venían las fiestas en acción de gracias y se juntaban allí los del Cabañal, y los del Saler, Alboraya, Benimaclet, etcétera. ¡Imagínate el holgorio, las paellas y los cohetes y tracas! ¿Te das cuenta?*

Quieres saber algo de las fiestas? Pues sigue, sigue apuntando. Se nombran doce clavarios al año, y las mujeres de los clavarios se encargan, por turno, de la limpieza y ornamentación. Todos los sábados ponen flor fresca... "¡Che!... ¡Hui que es dumentce de Ramos tindrás llorer en el altar!"

Ya tengo la llave y ya estoy probándola en la cerradura. Abro la puerta, atravieso la cancela de madera y al punto parece que de un salto me he trasladado a otro mundo desconocido y lejano.

El ambiente de la ermita me rodea y me aísla. Su perfume es penetrante y su aire tiene un algo de extraño... ¿Qué es? No lo acierto, por ahora.

El piso es de baldosas cuadradas imitando mármol negro. El coro, de techo envigado y barandilla de madera oscura, tiene una escalerilla interior. La ermita es de estilo neoclásico y de líneas muy sencillas. Unas pilastras adosadas sostienen un rústico cornisamiento sobre el que se alza una bóveda de cañón pintada de blanco con arcos formeros. A la derecha hay tres capillas laterales.

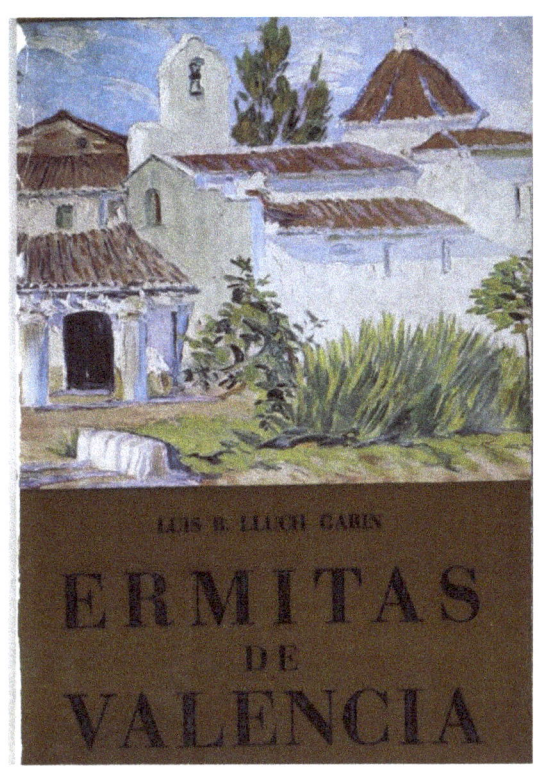

Portada del llibre *Ermitas de Valencia* de Luís B. Lluch Garín.

La primera, está dedicada a San Antón, con su cerdito. Muchas flores en el altar con candelabros de madera. En la segunda capilla no hay nada: solamente un nicho vacío y arriba una ventanita con fraileros. En la tercera capilla veo un precioso altar de estilo barroco con la Divina Pastora, rodeada de flores naturales entre los candelabros dorados. A la izquierda hay dos capillas: una, vacía, y la otra, dedicada al Sagrado Corazón, con más flores sobre el altar. El púlpito es de obra con tornavoz de madera con brazos lobulados. En el crucero hay un Cristo a la izquierda sobre un retablo de color amarillo pintado en la pared y grandes calas sobre el altar. Lámparas doradas de aceite en las esquinas del

71

prebisterio, con barandilla, alfombra roja, sillones negros de madera, y unos
cuadros de la Virgen de los Desamparados, San Rafael, Santa Lucía y
San Antonio Abad.

Retrat de Lluís B. Lluch Garín realisat per J. Enguidanos
(1969).

En el retablo del altar mayor, de estilo gótico y de madera policromada, está la imagen de la Purísima, y debajo hay un expositor y un sagrario con blanco conopero entre dos ángeles arrodillados.

El cura me dijo: "Si quieres luz, las llaves están debajo de la credencia". Las enciendo y vuelvo a los bancos. Me siento, y otra vez me envuelve esa sensación de soledad y misterio...¿Por qué?

De pronto me sobresalto. A mi espalda oigo pasos y, sin embargo, yo dejé bien cerrada la puerta. Noto que alguien me mira; vuelvo rápido la cabeza y no hay nadie. Flota en el ambiente el olor dulzón de las flores, y todo huele intensamente a campo y a huerta. Son dos olores distintos. Las manchas de salobre en la pared azul son como llagas reventadas del enlucido. Silba el viento muy fuerte en el exterior, y es tan profunda la calama y el silencio del ermiterio, que me pregunto: ¿dónde estoy? Al punto comprendo esta sensación de ahogo: ¡no hay gorjeos de pájaros! Sólo canta elaire y esta ausencia de trinos hunde en silencio a la ermita con sus flores y sus ramos de laurel... El cura tenía razón...

Esta noche he tenido unas pesadillas. Soñé con contrabandistas, fuegos inmensos y unas anguilas gordas y viscosas...

Las Provincias

16 de junio de 1964

LA BENEDICCIÓ D'ANIMALS EN L'ERMITA DE VERA

Antoni Abat (sant) naixqué en Egipte en l'any 251, fon un monge de creències catòliques i fundador del moviment eremític. Es conta que en vint anys va vendre totes la seua possessions i entregà els diners als pobres, per a retisar-se posteriorment a una cova i viure com eremita i dur una estància en este món de pura espiritualitat.

Solament abandonà la seua vida solitària per a realisar obres caritatives o per a predicar com passà en el 311, quan es desplaçà fins a Aleixandria per a predicar contra el arrianisme.

Segurament al viure solitariament i en mig de la naturalea, foen la seua única companyia la dels animals i és per això que se'l considera el patró i protector d'estos.

L'iconografia sempre l'ha representat rodejat d'animals, particularment junt a un porc, per això en terres valencianes rep el carinyós apelatiu de sant Antoni del porquet.

Se sap que en Valéncia, per lo manco, des de 1333 se celebra la festivitat de Sant Antoni Abad en la seua tradicional benedicció dels animals, degut a que en eixe precís any s'instalà en la ciutat l'Orde Hospitalària dels Antonians.

Durant eixe mateix sigle XIV, a les afores de la metròpoli valenciana, es va erigir una ermita i un hospital baix la seua advocació, en l'objectiu de que pogueren descansar els caminants que aplegaven d'Aragó i Catalunya pel camí que culminava en la porta dels Serrans.

Retaule ceràmic que es troba en la frontera de la parroquia de Sant Antoni Abad en Valéncia, concrtament en el Carrer Sagunt. (Foto: Manolo Guallart).

Segons la tradició els religiosos de l'orde antoniana obriren un pou i plantaren una olivera per al benefici dels caminants, pelegrins, mendicans i llauradors de la zona. Segons s'ha transmés de generació en generació, l'aigua d'aquell pou tenia i te propietats beneficioses i inclús miraculoses.

Valéncia celebra la seua festivitat, aixina com la tradicional bendicció d'animals, porrat i foguera el 17 de giner en l'històric carrer Sagunt, pero a pocs quilómetros d'allí concretament en l'Ermita de Vera també se celebra esta festivitat en gran devoció.

La celebració té una tradició que se remonta per lo manco a fa més d'un sigle. El dia d'esta festa és molt esperat pels veïns de Benimaclet, d'Alboraya i de la Malvarrosa que acodixen en massa per a beneir els seus animals, retrobar-se en vells amics i escoltar la santa missa.

Actualment en acabar els actes llitúrgics se celebra una rifa de productes de la terra i es dispara una atronadora mascletà.

Sant Antoni de Vera (Foto: Disfruta Benimaclet)

Antigament la profusió de la festa era major, degut a varis factors, com per eixemple la gran religiositat de la societat d'antany o la gran cantitat d'habitants que poblava la partida de Vera i voltants, inclús de la gran cantitat d'animals de treball, als quals se'ls havia de protegir en la benedicció anual, puix eren gran part del sustent de moltes families.

D'aquelles celebracions lustroses nos han quedat vestigis, com per eixemple uns fulls volants que eren llançats o repartits antigament durant la celebració en poemes escrits en llengua valenciana en honor del sant. Esta pràctica era típica en les festivitats valencianes, actualment encara es realisa per eixemple en la processó del convit de la celebració del Corpus Christi de Valéncia.

A continuació reproduïxc dos d'aquells fulls i que, d'entre els que es tenen constància i gràcies ad ells, podem fer-nos una idea molt pròxima de com eren els festejos originaris en Benimaclet:

Festes á Sent Antoni

Añ 1914

No sé cóm van á quedar
les festes á Sent Antoni,
si solta de la ma al porc
va á fer més mal que un dimoni.

Desde l'añ pasar qu' el porc
li demaná al seu Tonet
li done una ma de blanc
perque negre no vol ser.

Li fem festa á Sent Antoni
en més favor que ninguna,
perque mos honra la festa
sent patró de la pesuña.

Mireu eixe Sent Antoni
qu'encara qu'es chicotet,
creixerá més de una vara
venint á Benimaclet.

Es fill del Molí de Vera,
sel crien pal seu regal,
lil deixen á la pesuña
no més una vegá al añ;
y per aixó el casino,
agrait a esta finesa
fan molt més de lo que poden
perque tinga bona festa.

A Sent Antoni han anat
unes dones en secret,
dienli que mude ell nom
de pesuña, qu'es molt llech.
Y el Sant els contestá,
serio y pegant en lo peu,
que el que borre á la pesuña
no te qu'entrar en lo cel.

Vinga alegria y bullisi
cuant al Sant asi el portem,

pero, ¡més será de vore
cuant paca Vera el tornem!
De llums, cuets y fogates
tot el camí voras ple,
alló dona gloria voreu
si no vos crema un cuet.

En saraos, en verbenes,
en músiques y masclets
se pasaran uns cuants dies,
tot fiu deuran al porquet.

Agraits debem quedar
despues de les festes,
a la comisió qu' en guañ
mos ha tret les aguiletes.

Benedicció d'animals en l'Ermita de Vera el dia de Sant
Antoni.

Festes á Sent Antoni

Añ 1915

¿Voleu vore moltes chiques
alegres y divertides?
En el carrer de Alegret
els trovareu reunides,
preparant la cabalgata
pera eixir lluintse en ella,
conque... paseu per allí
que sols els falta parella.

A Sent Antoni han anat
les dones d'aquell secret
a dirli les perdonara
per aquell mal pensament,
y els ha dit ya més content;
no vos olvide a ninguna,
guarde un troset en lo sél
pa tots els de la pesuña.

Als que veniu a esta festa
sols vos tenim que avisar
que hia carrer de l'Amargura,
aneu espay de tropesar.
No alabeu a la pesuña
en ca que mos vechau pasar,
que hia un parent del tio Nelo
que a les donas vol... pegar.

Va vindre a Benimaclet
fa pocs añs un alemá
y mos declará la guerra
fent la creu negra en la ma.
La ma ha tengut poc poder,
la pesuña ha prosperat,
per no cabre en el casino
ya estem fentlo molt mes gran.

Fem un dinar pa els chiquets,
bescuitá y chocs en la plaza,
donem limosna pa els pobres
y per la besprá cabalgata.
Verbena, misa y sermó,
hia mascletá y serenata,
no sé cuantes coses més,
pues después de tot asó
sobren dinés pa una traca.

Per dir Viva Sent Antoni
a una dona molt alegre
en un gayato molt gran
la va amenasar un negre.
Mes Sent Antoni al sabero
li enviá a dir a Sen Pere:
alerta que dins del sél
me fique els peus ningún negre.

Per no poder ferli trache
ixqué de particular
en una festa que feren
asi en esta poblat.
Mes segons a mi m'han dit
y no meu podeu negar,
es que al sastre en ca li dehuen
y no li poden pagar.

Digau viva la pesuña
feuse porcs, no tingau por,
que a mi m'ha dit Sent Antoni
que enguañ va a soltar al porc.

Benedicció d'animals en l'Ermita de Vera el dia de Sant Antoni.

Estos fullets nos aporten una rica informació com ya indicava. Nos assegura lo que ya reafirmaren Pau Giner Bayarri i Cristobal Cuenca en el seu llibre *Benimaclet, poble de poetes* i és que la poesia i la llengua valenciana ha estat molt presents sempre en els carrers del poble de Benimalet, ademés d'informar-nos que ya fa més de 100 anys es feyen verbenes, misses, jocs populars, mascletaes, *bescuitá*, serenates, es repartien inclús almoines als pobres i el sant rebia l'apelatiu carinyós de *pesuña* i no del porquet com és habitual en les localitats valentines a on se li té devoció.

És, sense cap dubte, una celebració actualment desconeguda per als foràneus dels llímits de la partida de Vera i voltants, ya que popularment és molt més coneguda la celebració del carrer Sagunt entre els valencians, per lo que seria interessant una major promoció d'ella en la finalitat de tornar-li tot aquell esplendor que tingué.

TAULA

*Este llibre s'acabà d'imprimir
el 31 d'agost de 2024
quan se cumplixen 93 anys
de la celebració dels
I Jocs Florals de Benimaclet*

93

www.ingramcontent.com/pod-product-compliance
Lightning Source LLC
Chambersburg PA
CBHW040150010726
47475CB00040B/517